NOTICE

SUR

LE SIÈGE D'ARRAS PAR LES ESPAGNOLS

QUE LES FRANÇAIS FIRENT LEVER LE 25 AOUT 1654,

Sous le commandement du Maréchal de TURENNE,

Par M.^r Ch. BUISSART, Membre résident.

(Un Extrait de cette Notice a été lu à la séance publique de la Société royale d'Arras, pour l'encouragement des Sciences, des Lettres et des Arts, le 23 Août 1824).

Un des faits les plus importans de l'histoire de la ville d'Arras et qui doit intéresser le plus ses habitans, est sans contredit celui qui les fixa pour toujours sous la domination française; celui qui les sépara de l'alliance des Pays-Bas, auxquels le hasard seul les avait réunis (1), celui enfin dont

---

(1) L'Artois a cessé d'appartenir à la France en 1529, au Traité de Cambrai, appelé la paix des Dames, et y est retourné en partie en 1668, au Traité d'Aix-la-Chapelle, et définitivement tout entier à la paix de Nimègue, en 1678.

Dès 1640, Arras, capitale de cette province, était devenue française.

Les maisons d'Artois, de Flandres et de Bourgogne auxquelles cette province a successivement appartenue, ne l'ont possédée que comme fief relevant de la couronne de France. (Voyez la généalogie de ces princes à la fin de cette Notice).

je me propose de m'occuper ici ; cependant les détails en sont inconnus à beaucoup d'Artésiens.

En 1654, les Espagnols ligués avec des Français, ayant à leur tête le Grand Condé, avaient conjuré la perte de ce nouveau boulevard de la France, et sans la vaillance de Turenne, l'honorable défense de Montdejeu, son gouverneur, et la persévérance admirable de la garnison, c'en était fait, Arras rentrait sous le joug Espagnol.

C'est une mémorable victoire que celle de la levée du siège d'Arras, elle eut une grande influence sur les succès postérieurs de Louis XIV. Sans cette importante place, il n'eut peut-être pas fait d'aussi rapides progrès dans la Belgique ; ceux qui y gagnèrent le plus selon moi, c'en furent les habitans.

La société royale d'Arras faisant, de l'histoire de ce pays, l'objet de sa sollicitude particulière, j'ai cru lui être agréable en lui présentant, sous un seul corps, tout ce que j'ai trouvé d'intéressant au sujet du siège de cette ville. Les fêtes que l'on y célèbre maintenant, étant commémoratives de sa levée, j'ai pensé que c'était le moment de lui en faire l'hommage ; en comptant sur-tout sur l'indulgence de mes très-honorables confrères.

Les habitans de l'Artois, et particulièrement

ceux de la ville d'Arras, avaient vécu très-heureux sous les comtes d'Artois, sous les comtes de Flandres et sous les ducs de Bourgogne; Louis XI renversa de fond en comble cette cité et y rendit le Nom français méprisable et redouté par les excès qu'il y commit.

Les Espagnols, qui eurent cette province par le mariage de Marie de Bourgogne avec Maxilien, 1.er ayeul de Charles V, sous la domination desquels elle passa définitivement en 1529, ne rendirent plus nos ancêtres heureux; les schismes de Luther et de Calvin qui se propagèrent dans l'Allemagne, dans la Hollande et les Pays-Bas, qui atteignirent même une partie de la France, occasionnèrent des séditions et des guerres civiles qui les ruinèrent et les divisèrent. L'odieux duc d'Albe, de son côté, et le célèbre prince d'Orange du sien, leur causèrent des maux inouis. La cruauté de l'un et la politique de l'autre leur furent également fatales; néanmoins des provinces et des villes voisines eurent plus encore à en souffrir et à s'en plaindre que les habitans de l'Artois.

Le Nom français était si peu considéré dans ce pays que, lorsqu'il fût question, en 1640, de faire le siège d'Arras, et que Louis XIII l'eût résolu, on rapporte que le cardinal de Richelieu, qui s'y était opposé et qui voyait cette entreprise de mauvais œil, dit à Puysegur, officier de confiance, « je crains le grand nombre des » habitans de cette ville; ils sont tous ennemis » jurés des Français et plus Espagnols que les » Catalans. » Le cardinal contribua beaucoup à la prise de la ville en 1640, et c'est une éternelle obligation que nous devons lui en avoir. (1)

---

(1) « Le maréchal de la Meilleraye reçut ordre (en juin 1640) » de rejoindre les maréchaux de Châtillon et de Chaunes, » pour entreprendre le siège d'Arras; la principale direction en » était confiée à Châtillon, élève du célèbre prince Maurice. »
« Le cardinal Infant (gouverneur des Pays-Bas en ce moment) » se rend à Lille, y rassemble son armée et propose, dans un » conseil de guerre extraordinaire, les mesures les plus pro-» pres à obliger les Français à lever le siège. Les uns furent » d'avis d'attaquer les lignes, d'autres insistèrent à ne point » exposer témérairement une armée de laquelle dépendait la » conservation des Pays-Bas catholiques. Les généraux Fran-» çais étaient dans la même perplexité. En cas d'attaque, le » maréchal de la Meilleraye voulait que l'on sortît des lignes » pour aller au-devant des Espagnols; le maréchal de Châtillon » était d'un avis contraire, disant qu'il faudrait lever tous les » quartiers; qu'après cela, il serait facile aux ennemis de jetter » du secours dans la place. On demanda les ordres du Roi. La » réponse du cardinal, premier ministre, est singulière. » « Je » ne suis ni homme de guerre, ni capable de donner mon avis » sur ce sujet; lorsque le Roi vous donne à tous trois le com-» mandement de ses armées, il vous en juge capables; il lui » importe fort peu que vous sortiez ou ne sortiez pas de vos » lignes, mais si vous manquez de prendre Arras, vous m'en » répondrez sur vos têtes ». (Annales belgiques, page 416).

Le Roi Louis XIII et le cardinal de Richelieu se trouvaient en ce moment à Doullens, et quoique le cardinal Infant ait

Pour arriver au sujet de cette notice, il est bon, je pense, de se reporter à quelques événemens antérieurs ; qui ne se rappelle les troubles qui eurent lieu pendant la minorité de Louis XIV, sous le ministère du cardinal Mazarin (que l'histoire désigne sous le nom de guerre de la fronde)? en raison des événemens arrivés sous Paris et près de Villeneuve-St.-George, et de la défection d'une partie des mécontens à la tête desquels il s'était placé, le prince de Condé avait quitté la France et se trouvait à la solde des Espagnols. Après l'avoir vu, si jeune encore, les vaincre à Rocroy et leur ôter pour toujours leur prépondérance militaire, on le compte avec regret dans leurs rangs, ceint des lauriers cueillis à Fribourg, à Norlingue et à Lens.

Depuis deux ans qu'il était sous leurs drapeaux, l'Archiduc, gouverneur des Pays-Bas, ne cessait de le presser de mettre le siège devant Arras. Le

---

choisi le moment où les maréchaux de la Meilleraye et de Chaunes étaient sortis de leurs lignes pour aller au-devant d'un convoi, il n'obtint qu'un succès éphémère et finit par être repoussé.

Enfin, le 9 août 1640, la ville capitula en présence de l'Armée espagnole, forte de 30,000 hommes, qui occupait en partie, entre Rœux et Monchy-le-Preux, la même position que Turenne choisit en 1654, prince avait toujours hésité à prendre ce parti; mais au mois de juin 1654, la cour de Louis XIV, qui se trouvait à Reims, forma le dessein d'assiéger la ville de Stenay, qui était l'une de celles que le Roi avait donné au prince de Condé pour le récompenser de ses services; à cet effet, les maréchaux de Turenne et de la Ferté eurent ordre de réunir l'Armée aux environs de S.ⁱᵉ-Menehould, et le 19 juin, 2500 hommes de cavalerie, soutenus par 4 à 5000 fantassins, investirent cette place.

Le prince de Condé qui n'avait pas d'intérêt plus pressant que celui de conserver Stenay, sollicita vivement l'Archiduc de lui fournir les moyens de la secourir, mais la mésintelligence qui s'était glissée parmi les Chefs de l'armée espagnole, à cause de l'arrestation du duc Louis de Lorraine, ne permit pas d'exécuter ce projet et après avoir mis en question l'attaque du Catelet, celle de la Bassée ou de Béthune que l'on offrait de remettre au prince de Condé, pour l'indemniser de la perte de Stenay, on se décida sur l'avis que ce prince en avait ouvert à se diriger sur Arras, cette propositon ayant été accueillie favorablement par l'archiduc Léopold, le comte de Fensaldagne et la majeure partie du Conseil d'Espagne.

Mais plus cette entreprise paraissait belle et

grande, plus on y trouvait de difficulté; cette ville, qui était défendue par Béthune et La Bassée, se trouvait aussi très-enfoncée dans le pays ennemi. L'armée française pouvait se mettre aisément entre Douai et l'armée d'Espagne, d'où cette dernière devait nécessairement tirer ses approvisionnemens, et la ville surtout ayant une grande enceinte, le siége exigeait une armée nombreuse et nécessitait d'immenses travaux.

Le duc François de Lorraine, jaloux du prince de Condé, offrait ses troupes pour le siége d'Arras et les refusait pour toute autre entreprise. Il regardait la conquête de cette ville comme tellement difficile, qu'il espérait que le prince y eut perdu une partie de sa brillante réputation; néanmoins il prévoyait les obstacles que l'on y a rencontrés depuis.

Enfin on donna des ordres pour se saisir des postes; avec une condition que Fuensaldague y fit insérer, qu'en cas que les Français jetassent des soldats dans la place on s'en irait à La Bassée.

Plusieurs manuscrits et divers auteurs que j'ai entre les mains, donnent le journal du siége d'Arras dans le plus grand détail et avec des variantes. Mon intention est d'extraire de chacun d'eux les faits les plus intéressans et de tâcher de diminuer, autant qu'il me sera possible, la sécheresse qui résulte des descriptions de combats, d'attaques, de défenses, etc.

J'ai fait lithographier un plan de ce siége et des positions des troupes qui l'ont fait lever; il se trouve à la fin de cette notice. Il facilitera l'intelligence de divers faits d'armes dont je donne ici la relation.

Des ordres ayant été donnés avec la plus grande discrétion, le 3 juillet 1654, à huit heures du matin; 4 ou 5000 cavaliers lorrains, commandés par Ligneville, investirent la place et prirent leurs quartiers entre la Scarpe et le ruisseau du Crinchon. (1)

Dès que le gouverneur eut connaissance de

---

(1) Le comte Delatour étant mort en 1652, il avait été remplacé, dans le commandement de la ville d'Arras, par le comte de Montdejeu (depuis maréchal de Schulemberg) qui avait trouvé la place sans défenses, sans troupes, sans munitions de guerre, les magasins vides, les dehors sans travaux et les canons sans affuts. Il en avait rendu compte à la Reine, espérant qu'elle lui aurait fourni de l'argent pour toutes ces choses indispensables; mais le trésor royal étant épuisé, on lui accorda la permission de lever des contributions sur les ennemis, ce qui était à la mode dans ce tems; par ce moyen il parvint à entretenir un corps de 2500 hommes et à ravitailler la place, après avoir exécuté divers travaux au dehors:

leur apparition, il expédia des courriers à la cour et fit demander au colonel Debarre qui commandait un camp volant dans les environs de Rüe, qu'il lui envoyât son régiment et celui d'Equancourt qui étaient depuis peu sortis d'Arras ; mais ils se trouvaient trop éloignés et ils ne purent rentrer à tems dans la ville.

Le même jour, 3 juillet, sur le soir, le prince de Ligne vint se loger avec toute la cavalerie espagnole à la ferme de la Cour-au-Bois et au village de Tilloy. Le lendemain M.r le prince de Condé arriva avec son armée et se porta entre Beaurains et Agny ; différens corps de troupes furent immédiatement envoyés au-delà de la rivière de Scarpe pour fermer toutes les issues de la ville et en compléter l'investissement.

Le troisième jour, toute l'infanterie arriva avec les bagages, les munitions, l'artillerie et les approvisionnemens. L'armée assiégeante était de 40 à 45,000 hommes. On y comptait de 16 à 18,000 hommes d'infanterie, 12 à 14,000 chevaux, 7 à 8,000 pionniers, tous armés de fusils, et 3 à 4,000 artilleurs.

Les circonvallations furent faites sur les mêmes lignes qu'avaient tracé les Français en 1640 : elles avaient près de cinq lieues de développement.

L'Archiduc était logé à la Cour-au-Bois. Le

comte de Fuensaldague avait son quartier au-delà de la Scarpe, entre Athies et St.-Laurent, joignant celui du comte de Garcies, maître de camp général, posté auprès de Roclaincourt

Ce dernier se liait à celui de don Fernando de Solis, général de l'artillerie, qui avait son quartier sous Mont-St.-Eloy.

Les Lorrains ensuite appuyaient à la droite de don Fernando de Solis et atteignaient à la gauche du quartier du prince de Condé qui se trouvait aussi à la gauche de ceux du prince de Ligne et de l'Archiduc, où se trouvaient les Espagnols et les Allemands.

Le gouverneur se hâta de faire mettre ses fortifications en état et de prendre les mesures les plus propres à faire une longue défense. Il envoya aussitôt une cornette de cavalerie dans le dessein de troubler les ennemis dans leurs travaux. Cette sortie n'eut aucun succès.

Le colonel Debarre entreprit de faire entrer quelque secours dans la place. Les deux régimens qu'il amenait et qui étaient le sien et celui de St.-Lieu, attaquèrent la nuit avec tant de courage et de succès le quartier du prince de Ligne, que, s'ils n'eussent perdu la route pendant l'obscurité, ils seraient tous entrés en ville.

Cent cavaliers seulement, quelques officiers et le colonel St.-Lieu s'introduisirent par la porte de Méaulens.

Le 6, le colonel d'Equancourt ayant battu la garde avancée du quartier des Lorrains, conduisit 350 chevaux dans la ville ; deux autres escadrons allaient l'y suivre, mais ils s'égarèrent dans l'obscurité, perdirent beaucoup de monde et laissèrent 120 prisonniers parmi lesquels on cite le capitaine de Verderonne et les colonels de Sancerre et de Beauvilliers.

Le chevalier de Créquy fut plus heureux en ce qu'ayant fait le tour et attaquant les endroits moins bien gardés des environs d'Ecurie, d'Anzin, des faubourgs de Ste.-Catherine et de St.-Nicolas, il parvint à pénétrer dans la place avec 230 cavaliers. Un autre régiment qui le suivait manqua le chemin ; les Espagnols ayant pris les armes, il fut contraint à se retirer.

Le comte de Fuensaldague, voyant qu'il était entré dans la place plus de 800 chevaux avec des officiers expérimentés, voulait qu'avant que les troupes espagnoles s'engageassent davantage dans ce siége, on l'abandonnât pour entreprendre celui de La Bassée ; mais le prince de Condé tint toujours ferme et l'archiduc Léopold, quoiqu'il ne fut pas de son avis, n'osa jamais le contredire, tant il avait de confiance dans la valeur et l'expérience de ce prince.

Les assiégeans pressèrent les travaux des approches de la place en deux côtés différens, c'est-à-dire, du quartier de l'Archiduc et de celui du prince de Condé ; les soldats travaillant à l'envi des pionniers pour y gagner une augmentation de solde. Le gouverneur, grâce aux renforts qui lui étaient survenus, résolut de faire de fréquentes sorties ; ce qu'il exécuta avec beaucoup de hardiesse et de valeur. Son projet était de gagner du temps pour faciliter aux troupes du Roi la prise de Stenay et permettre ensuite à son armée victorieuse de venir délivrer la ville d'Arras, ce qui ne pouvait manquer d'avoir lieu ; car le cardinal Mazarin ne pouvait pas honorablement laisser prendre, aux yeux de Sa Majesté, une place aussi importante.

Le maréchal de Turenne fit avertir le maréchal de La Ferté de se porter avec ses troupes du côté de Ham, tandis qu'avec les siennes il manœuvrerait sur Maubeuge ; car dès qu'il eut appris que les troupes espagnoles avaient pris la route de Bouchain et d'Arleux, il ne douta plus qu'elles n'allassent sur Arras. Le maréchal voulut ensuite tenter d'introduire du secours dans la place ; mais les assiégeans y apportèrent une si grande vigilance que toutes ses tentatives furent infructueuses.

L'armée française, se grossissant toujours, s'avança vers le camp des Espagnols, et pour empêcher ses convois, elle vint d'abord se poster entre Inchy et Monchy-le-Preux ; enfin parvenue au nombre de 18,000 hommes, elle s'étendit davantage, ayant sa gauche à Guemappe, son centre à Monchy-le-Preux, elle appuya sa droite à Pelves et de-là jetant des ponts sur la rivière, elle détachait continuellement différens corps qui ne cessaient de couper aux assiégeans les vivres et les munitions qui leur arrivaient en abondance de Douai et de Cambrai. (1)

Dès que le gouverneur d'Arras eut connaissance de l'arrivée des troupes françaises, il fit faire de grandes réjouissances dans la ville et or-

---

(1) Un régiment de cavalerie espagnole et 20 chevaux de charge conduits par des paysans, étaient sortis de Douai ; les officiers et les soldats portaient chacun un sac de poudre ; les autres chevaux portaient des grenades ; un lieutenant qui était à l'arrière-garde apperçut un cavalier qui avait une pipe allumée ; il courut à lui et lui donna quelques coups de plat de sabre. Le cavalier, qui était ivre, tira un coup de pistolet ; le feu prit au sac de poudre qui était sur le cheval de l'officier, et, se communiquant aux autres sacs que chacun des cavaliers portait en croupe, le régiment entier fut détruit.

donna des distributions d'argent et de vin aux soldats afin de redoubler leur zèle pour les travaux à confectionner, et c'était aux cris de *vive le Roi !* que chacun s'empressait aux contrescarpe, aux barricades, aux caponnières, aux galeries, aux gabions et à tous les autres travaux des fortifications. Il fit part aux officiers et aux soldats de la garnison que les généraux français lui avaient offert d'introduire du secours dans la place ; mais qu'il n'avait pas jugé à propos de leur répondre, attendu qu'il voulait les consulter sur ce sujet, parcequ'ayant connaissance que les troupes du Roi, avant de faire lever le siége, pouvaient aller surpendre quelques villes de Flandres qui se trouvaient sans défense, puisque les Espagnols étaient occupés sous les murs d'Arras. S'étant assuré qu'ils pouvaient encore tenir six semaines, il pensait que c'était le cas de leur laisser faire cette diversion, d'autant mieux que pendant cet intervalle l'infanterie ennemie s'affaiblirait tellement qu'elle ne serait plus difficile à battre.

Ces motifs spécieux, entièrement de l'invention du gouverneur, réussirent parfaitement. Tous les officiers et les soldats se rangèrent avec enthousiasme de son avis. Il feignit d'aller rendre réponse aux généraux, et, pendant le cours du siège, il ne manqua ni de finesses ni de subterfuges pour entretenir le courage de ses troupes en leur donnant la meilleure espérance d'être secourues.

Le 19 juillet, la garnison, animée du meilleur esprit, sollicita vivement le gouverneur de faire une sortie vigoureuse contre les travaux des assiégeans. Il leur représenta qu'ils étaient si reculés qu'ils couraient les riques d'être coupés, et que les ennemis avaient la veille construit une grande place d'armes; mais l'espoir de faire quelqu'action d'éclat qui dominait tous ces braves, ne leur permit pas d'écouter les remontrances de leur chef; il fallut qu'il souscrivît à leur demande.

Les préparatifs se firent à la hâte, et à-peu-près 2,500 hommes s'échelonnèrent pour attaquer une traverse que pratiquait le prince de Condé à la gauche des Espagnols, au sud du fauboug de-Ronville, à la hauteur de Beaurains. Le chevalier de Créquy et le colonel St.-Lieu conduisaient l'attaque, sous la protection du canon des remparts, dont le plan, à ce qu'il parait, était bien concerté; mais le succès ne répond pas toujours aux espérances. Après que les Français eurent chassé, presque sans résistance tout ce qui se trouvait à la traverse du prince, et comme ils allaient se rendre maîtres de la place d'armes, qui ne faisait qu'une faible résistance; le prince de Condé s'avança avec 6000 chevaux et feignit de couper la retraite à ceux qui se trouvaient près de la contrescarpe; alors les Français, oubliant ce dont ils étaient convenus, s'exposèrent en désordre au feu de la place d'armes et de la traverse; le colonel d'E-quancourt soutint bravement la première charge qui se fit, et permit, par sa fermeté, aux autres qui revenaient en désordre de se rallier; dès ce moment, il s'établit un combat furieux et opiniâtre, jusqu'à ce que, le nombre des Espagnols, croissant toujours, les Français furent forcés de se retirer. L'infanterie, abandonnée à la merci du Prince, fut fort maltraitée, et généralement tous ceux qui se trouvaient vers la traverse, furent taillés en pièces ou faits prisonniers.

Il ariva enfin 600 fantassins qui protégèrent la retraite et la firent faire en meilleur ordre.

La perte fut assez considérable de part et d'autre; le vieux de Serre, qui commandait le régiment de Montdejeu, y perdit la vie, ainsi que plusieurs capitaines et officiers. Le colonel St.-Lieu y fut blessé d'un coup de pique.

Comme le 20, dès la pointe du jour, les

assiégeans avaient dressé deux batteries, l'une de cinq et l'autre de six pièces de canon, le gouverneur, pour consoler ses troupes du mauvais succès de leur entreprise de la veille, leur fit croire qu'il savait par ses espions que les Espagnols avaient perdu tant de monde dans le combat, qu'ils avaient dressé ces batteries pour les empêcher désormais de faire de semblables sorties.

Le 22 juillet, les espagnols s'approchèrent de la place pour attaquer les deux bastions de la couronne. Comme Vauban a entièrement changé le système de défense de la place, ces deux forts n'existent plus; ils étaient à la place qu'occupe la citadelle. (1)

Le gouverneur s'était, dès la veille, apperçu de leur projet et y avait envoyé le monde nécessaire : aussi les Espagnols y furent-ils repoussés avec tant de vigueur, qu'il laissèrent sur la place tous leurs outils, leurs fascines et leurs gabions, quoiqu'ils revinssent à la charge à trois reprises différentes. Dès le point du jour, les assiégés sortirent encore et chargèrent si brusquement les ennemis, qu'ils les renversèrent les

---

(1) Louis XIV, pendant son séjour à Arras en 1667, en ordonna la construction, mais l'on n'en commença les travaux qu'en 1670.

uns sur les autres, leur tuèrent 500 hommes, abattirent le logement qu'ils avaient commencé et bouleversèrent tous leurs travaux dans la contrescarpe.

Par suite de plusieurs fausses attaques, les Espagnols parvinrent à se rendre maîtres de la couronne ou hauteur de Beaudimont. Le gouverneur, pour animer ses soldats à reprendre ce poste important, leur dit qu'il n'était occupé que par des Lorrains ; que c'était des troupes mercenaires ; qu'ils étaient cousus d'argent et chargés du butin qu'ils avaient fait partout ; qu'en les chassant de cet endroit, cette proie pourrait les enrichir ; de sorte que, s'étant mis à la tête d'un bataillon, soutenu de deux escadrons et d'un corps de mousquetaires, il marcha droit à l'ennemi qui ne fit aucune résistance. Les Lorrains se sauvèrent et abandonnèrent ce poste d'où ils pouvaient néanmoins fort incommoder les assiégés, la contrescarpe se trouvant sans palissades, le fossé sans traverse et sans aucun retranchement qui les pût empêcher d'aborder la muraille.

Pendant les dix jours suivans il ne se passa rien de bien important. Les travaux de la tranchée et de la sappe se continuèrent de part et d'autre.

Enfin les Espagnols ouvrirent une tranchée sur la gauche de leur attaque, élevèrent une grande redoute entre la couronne et la demi-lune de de Bourgogne et ils firent deux approches vers une tenaille enterrée que le gouverneur avait fait pratiquer au-devant de celle de la demi-lune de Bourgogne; enfin, ils dressèrent leurs batteries vers une demi-lune de pierres, vis-à-vis de la contrescarpe où ils faisaient leurs approches; ils y causèrent un très-grand dommage : en mêmetems ils montèrent à l'assaut de quatre côtés, à à la tenaille de la contrescarpe, à la demi-lune de Bourgogne, au Bonnet de prêtre devant le demi-bastion sur la gauche de leur attaque et à la pointe de la contrescarpe du côté de la porte de Ronville.

Ils furent partout repoussés, quoiqu'ils eussent reçu 2000 hommes de renfort et qu'ils eussent élevé un logement à la hauteur d'une pique supérieure au Bonnet de prêtre. Avant le point du jour, ils revinrent encore à l'assaut de tous les côtés; Ils parvinrent alors à se loger ensuite dans le Bonnet de prêtre, d'où il fut impossible de les chasser, tels efforts que l'on fit. Les assiégés, en s'opiniâtrant à reprendre cette position, eurent à regretter une infinité de bons officiers et soldats qui s'y sacrifièrent en vain.

Le 31 juillet, on continua l'approche des fossés et l'on tâcha de se loger sous le Bonnet de prêtre, le long des palissades; les assiégés, exposés au canon des ennemis dans leurs retranchemens, furent contraints de se retirer.

Cette nuit le chevalier Créquy fut blessé à la jambe, en cherchant à rentrer dans la couronne par un chemin qu'il s'était pratiqué lui-même sous terre.

Les Espagnols continuèrent leurs différentes attaques avec plus ou moins de succès; ils posèrent deux batteries de 15 pièces de canon, qui firent beaucoup plus de bruit que d'effet. Enfin, étant parvenus jusqu'aux pieds des différens forts et demi-lune qui entouraient la place, le gouverneur inventa de nouvelles machines de bois qu'il fit ceindre au haut par des cercles de fer. On pouvait y placer une bombe à laquelle on mettait le feu par une petite crénelure, creusée dans le bois et ensuite on la jettait dans le fossé où les assiégeans travaillaient; cela fit un si grand dégat que les Espagnols furent contraints de s'en garantir sous de grandes planches couvertes de fer-blanc, de plomb et de peaux de bœuf fraîches, à la faveur desquelles les bombes roulaient et tombaient plus bas qu'eux. Ils parvinrent aussi, par ce moyen, à se mettre à couvert des feux d'artifices qui pleuvaient sur eux sans relâche.

Après cette époque, les travaux du siége se suivirent sans interruption ; c'était tous les jours de nouvelles attaques, des mines que l'on faisait jouer, de nouvelles traverses que l'on contruisait, de nouvelles sorties que faisait la garnison.

Le 8 août, les assiégeans passèrent la contrescarpe à la faveur de deux galeries sous terre, qui découvraient la traverse des Français. Alors ceux-ci se retirèrent derrière des flancs qu'ils avaient construits les jours précédens.

Les Espagnols voulurent se loger ensuite dans la corne et sur le talus de la contrescarpe, nommée la tenaille de vers les Capucins. Les Français pour les déloger leur donnèrent de fréquens assauts et ce, avec plus ou moins de succès : plus le gouverneur se sentait pressé, plus il tâchait d'écarter l'ennemi par les *retirades* et par les retranchemens qu'il faisait toujours dans les dehors et que toujours les assiégeans s'efforçaient également de gagner.

Le 11 août, le courage des assiégés n'est pas diminué ; ils accueillent diverses attaques aux tenailles avec tant de courage et de succès qu'une partie des assiégeans demeure dans le fossé et l'on compte parmi eux beaucoup d'officiers.

Le régiment allemand de Mondejeu fait une vigoureuse sortie du côté de la demi-lune de Bourgogne ; il bouleverse et les ennemis et leurs travaux ; il les empêche d'avancer. Ils reviennent une seconde fois à la charge et encore avec un plus grand succès. Un grand nombre de prisonniers qu'ils ramenèrent dans la ville, est le fruit de cette victoire.

On continua les jours suivans des deux côtés l'attaque et la défense avec un courage digne d'éloges ; les assiégés ne se sont pas un instant démentis pendant le cours du siége, l'un des plus opiniâtres de cette époque.

Dès le 18 août, les Espagnols, après avoir pratiqué une brêche à la petite corne de vers les Capucins, firent, sur le soir, jouer deux mines et s'en emparèrent ; mais un assaut qu'ils tentèrent le même jour sur la demi-lune de Bourgogne n'eut aucun succès. Ils y perdirent au contraire beaucoup de monde.

Le sieur de Boham, maître de camp d'un régiment et lieutenant-colonel de celui de Montdejeu, qui s'était acquis une grande réputation par sa valeur et par ses connaissances, fut tué par suite d'une vigoureuse attaque que les assiégeans firent la nuit avec une quantité de grenades.

Les jours d'après l'on ne fit que des fausses attaques, et les assiégeans n'avancèrent que bien peu leurs approches.

Condé, qui voyait que le siége avançait lentement, détacha trente officiers réformés qu'il mit à la tête de trois cents grenadiers choisis et un nombre considérable de jeteurs de cercles à feu, qu'il fit soutenir par un corps de cavalerie et d'infanterie. Ces gens déterminés entreprirent de forcer la barrière de la porte de Ronville pour entrer dans la grande place d'armes des assiégés; Voignon y accourut avec ses trois escadrons, et, ayant bordé la palissade, il la défendit à coups de pistolet et de mousqueton; les assiégeans furent repoussés avec une perte considérable. Le lendemain on attaqua une traverse qui couvrait l'un des deux bastions de la grande corne de Guiche; mais ce n'était que pour attirer les forces des assiégés et pour surprendre la barrière qui avait été déjà si vigoureusement défendue la veille. D'Equancourt tint ferme à la traverse, et Boham, colonel de l'infanterie, se défendit vaillamment à la barrière. La traverse fut néanmoins emportée et les ennemis s'étaient déjà assurés un logement jusqu'à la pointe du petit bastion du grand ouvrage à corne vis-à-vis la traverse qu'ils venaient de gagner. Déjà le mineur y était attaché; Voignon eut ordre de descendre dans le fossé et d'aller droit à la galerie et au nouveau logement des ennemis. Il y alla avec trente-deux hommes, tailla en pièces ceux qui étaient dans ce poste, tua les deux mineurs et rompit la galerie. Montdejeu criait de toutes ses forces qu'on se montrât et qu'on regagnât la traverse perdue. Voignon s'y jeta l'épée à la main avec tous ses hommes, à travers une grêle effroyable de grenades et de cercles à feu; les assiégeans furent repoussés jusqu'à la redoute de pierre. Voignon rompit en se retirant tout le logement et fit main basse sur tout ce qui se présentait; il perdit vingt-trois hommes, mais le lendemain matin la terre parut couverte de morts à la traverse et à la barrière; parmi eux se trouva le chevalier de Médicis ; dans une autre sortie le marquis de Créquy fut grièvement blessé.

Dès ce moment, les Espagnols reconnurent l'impossibilité de prendre la ville, et ils se repentirent d'avoir eu tant de déférence dans le prince de Condé.

Le 23 août, vers le soir, on prévint le gouverneur que trois cents fantassins lorrains étaient entrés dans la tranchée, contre leur ordinaire, car ils ne quittaient jamais leur quartier. Il jugea de-là qu'on pourrait bien donner quelques assauts à ce peu de *retirades* qui lui restait encore dehors. Aussi fit-il redoubler les préparatifs de poudre, de grenades et de feu d'artifice.

Ayant donné ses soins à la conservation de l'ordre dans la ville, il garnit tous ses postes et assura les officiers et les soldats qu'ils ne seraient plus attaqués que cette nuit-là, comme s'il eut eu quelque pressentiment de ce qui devait arriver le lendemain.

Les ennemis ne manquèrent pas, à l'entrée de la nuit, de donner un assaut général; mais comme l'on s'y était attendu et que tout était prévu, on le soutint avec une vigueur admirable. Sur les trois heures du matin, le gouverneur fit faire une sortie sur ceux qui gardaient la traverse qu'on avait prise, et les en ayant chassés, il ruina tous leurs travaux, ensuite il rentra dans la contrescarpe avec St.-Lieu et se jeta sur un manteau pour y prendre quelque repos (1)

---

(1) Les généraux de l'armée française, qui étaient postés à Monchy-le-Preux, ne recevaient aucune nouvelle d'Arras et n'avaient pu encore apprendre en quelle situation les choses étaient dans la ville; cependant un soldat, auquel on avait fait avaler une petite boite d'or dans laquelle il y avait un billet, se hasarda de sortir pour passer à l'armée du Roi, mais quelques remèdes qu'on lui fit prendre, il fut pendant deux jours sans rendre la boite. Le maréchal de La Ferté,

Cependant, depuis quelques jours Stenay s'était rendu aux armes de Louis XIV, qui ne cessait de visiter les travaux et passait presque toutes ses nuits à cheval. La présence de ce jeune monarque, âgé à peine de seize ans, accéléra beaucoup la reddition de cette place, qui eut lieu le 12 août.

Lorsque l'Archiduc reçut cette nouvelle, il en ressentit une peine extrême, et comme de là dépendait le succès de l'entreprise, il réunit le conseil dans sa tente pour savoir si on la continuerait ou si l'on attendrait que le Roi arrivât avec toutes ses forces pour l'abandonner. Le comte de Fuensaldague, qui avait toujours prévu la fâcheuse issue de cette tentative, ne balança pas à dire qu'il fallait lever le siége ; qu'il restait encore beaucoup de travaux à exécuter avant de contraindre le gouverneur à rendre la place, et que, pendant ce tems, le Roi pouvait réunir son armée ; il ajoutait que chaque jour l'infanterie se débandait ; que le

---

homme dur et impétueux, proposa de faire éventrer le soldat, disant qu'il valait mieux perdre un homme de rien qu'une place de cette importance ; enfin, par bonheur pour le soldat, une médecine très-forte fit l'effet que l'on attendait, et les nouvelles que l'on reçut du gouverneur décidèrent les maréchaux à agir ; Turenne écrivit à Mondejeu qu'il se tranquilisât, et que la place serait bientôt délivrée.

camp n'avait plus de vivres ni de munitions ; que par conséquent on ne pouvait plus faire de si fréquentes ni de si vigoureuses attaques ; que les soldats étaient atteints d'une maladie contagieuse qui en diminuait tous les jours le nombre.

Le conseil n'accueillit pas ces observations ; on y répondit qu'on était toujours maître de lever le siége quand on voudrait : qu'encore fallait-il voir ce que le Roi ferait quand il serait venu ; ce fut le sentiment de M.ʳ le prince de Condé, parceque, disait-il, les lignes sont en trop bon état pour être forcées, pour peu que des braves gens veulent les défendre comme il faut. (1)

---

(1) Le prince de Condé n'avait cessé d'entretenir des intelligences avec plusieurs bourgeois, et un Franc-Comtois, qui s'était chargé de porter des nouvelles de sa part, sous le costume espagnol, comme étant envoyé par un espion de Turenne, vendit tout le complot, parcequ'un véritable espion du maréchal le contredit et le confondit ; le Franc-Comtois fut pendu ; mais les habitans furent sévèrement châtiés ; le gouverneur s'étant convaincu qu'il se tenait des conciliabules dans les églises et les couvens, et ayant en vain sommé les capitaines de la ville de se rendre sur la place avec leurs compagnies ; il se mit à la tête de trois escadrons avec Voignon, son neveu, officier de confiance, et les conduisit sur la grand'place, où était logé le premier capitaine des bourgeois ; il fit enfoncer la porte de sa maison qui était barricadée et le fit amener devant lui pour lui demander raison de sa désobéissance. Comme il n'avait pas d'excuse valable à

Le Roi arrivé le 18 à Péronne avec le cardinal Mazarin, et l'armée qui avait fait le siége de Stenay, sous le commandement des comtes de Gadanes et de Grandpré, ne s'occupa plus que de la délivrance d'Arras ; au moment où les troupes se mettaient en route pour l'Artois, le prince de Condé parut à la tête de soixante escadrons pour

---

donner, le gouverneur fit venir un prêtre et le bourreau. Dès que les bourgeois eurent connaissance de ce qui se passait, ils accoururent avec leurs capitaines à leur tête, pour recevoir les ordres du gouverneur. Les principaux se mirent à genoux pour lui demander la grâce de ce malheureux, pendant qu'on dressait une potence pour l'expédier. Alors, sans avoir l'air d'entendre, Montdejeu fit cerner les bourgeois et les fit enfermer dans l'abbaye de St.-Vaast avec ordre de fendre la tête au premier qui bougerait.

Pendant qu'ils étaient ainsi réunis, on fouilla toutes les maisons, où l'on ne trouva que des femmes, des vieillards et des enfans. Le patient néanmoins était resté sur la place entre le confesseur et le bourreau ; il ne se pressait pas de se confesser. Les échevins, les conseillers et les notables qui demandaient des égards, ayant été les premiers élargis, vont encore solliciter sa grâce ; le gouverneur la leur accorda, après qu'ils eurent de nouveau prêté serment de fidélité, et promis, non-seulement de ne rien faire contre la France, mais de l'avertir de ce qu'on aurait tramé à son préjudice. Il condamna le patient à rester en prison jusqu'à la fin du siége, et enfin, en attendant qu'il eut la fleur de lys gravé dans le coeur, il ordonna qu'on la lui mit sur la joue, ce que le prévôt fit exécuter.

Cette seule sévérité, exercée par Montdejeu, suffit pour maintenir les habitans dans l'ordre et la soumission.

les combattre ; mais l'on se couvrit si bien avec les équipages, les chariots et les bagages, qu'il lui fut impossible de les entamer, quoiqu'il les suivit jusqu'à St.-Pol.

Cette armée fut mise sous les ordres du maréchal d'Hocquincourt, l'homme du monde le plus hardi et le plus entreprenant ; il reçut l'ordre d'attaquer le mont St.-Éloy et de s'en emparer ; on avait jugé nécessaire d'occuper ce point pour forcer les lignes.

Le maréchal avec son armée, composée d'environ 8000 hommes, attaqua vivement le poste qui se défendit assez longtems ; après s'en être emparé, il vint se retrancher dans l'ancien camp, attribué à César, au confluant de la Scarpe et du Gy ; il s'y fortifia d'une mauvaise tranchée, dont les traces subsistent encore ; le prince de Condé avait formé le projet de l'enlever dans cette position, et l'on prétend qu'il en serait venu à bout, si les Espagnols, jaloux de sa gloire, n'eussent refusé de le seconder.

Le 24 août, dans un conseil de guerre qui se tint le matin chez l'archiduc, les généraux, furent dans une grande indécision sur la conduite qu'ils devaient tenir ; ils étaient d'un avis unanime pour abandonner le siége ; mais ils craignaient que leur cavalerie, qui revenait de leur aller chercher des munitions et qui était harassée de fatigue, ne se fit battre dans la retraite ; alors ils résolurent de défendre les lignes et de se secourir au premier signal, en se portant vers le point où aurait lieu la principale attaque.

Les souffrances des assiégés étaient arrivées à leur dernière période ; dans ce moment les Espagnols étaient dans la plus déplorable situation. Ils manquaient de vivres et de munitions ; il régnait, dans leur camp, une maladie contagieuse qui les emportait en 24 heures ; les assiégés, sous les ordres de leur intrépide gouverneur, avaient fait de si fréquentes sorties contre eux qu'ils étaient absolument rebutés ; ce n'était plus qu'à coup de bâton que l'on parvenait à leur faire monter la garde.

Le maréchal de Turenne procéda à la reconnaissance des lignes et, pour cette expédition, il ne se fit accompagner que de 1000 cavaliers seulement, tant il connaissait la lenteur des Espagnols qui ne se hasardent jamais à changer de position, sans avoir au préalable assemblé le conseil de guerre. Il se rapprocha tellement des retranchemens, qu'il entendit dire que c'était au quartier de don Fernando de Solis à monter la garde à la tranchée la nuit suivante. On assure que c'est ce qui le détermina à faire sa principale attaque sur ce point, jugeant qu'il devait être plus faible.

L'armée française, forte de près de 40,000 hommes, avait à sa tête le maréchal de Turenne, elle était divisée en trois corps. L'un, sous le commandement immédiat de ce maréchal, (1) et les deux autres, sous les ordres des maréchaux de la Ferté et d'Hocquincourt. Dès le soir du 24 août, l'armée s'était rangée en bataille dans l'ordre où elle devait attaquer les lignes pendant la nuit.

Le maréchal de la Ferté fut chargé de l'attaque de gauche et devait chercher à pénétrer au quartier du comte de Fuensaldague qui s'étendait de la ferme d'Hervin, près de St.-Laurent, au village de Roclaincourt. Ce maréchal, qui avait son quartier-général à Pelves, y fit construire deux ponts sur l'un desquels défila l'infanterie, tandis que la cavalerie passait sur l'autre.

Le maréchal de Turenne dépassa le maréchal de La Ferté et se chargea de l'attaque du centre : le maréchal d'Hocquincourt était chargé de celle de droite, en partie sur le quartier de don Fernando de Solis et sur celui des Lorrains.

---

(1) Le duc d'Yorck, frère du Roi d'Angleterre (depuis Roi lui-même sous le nom de Jacques II), commandait, dans le corps d'armée de Turenne, une forte division de cavalerie. Il se distingua beaucoup dans l'attaque des lignes et y reçut une légère blessure.

A dix heures du soir, l'armée quitta ses retranchemens de Monchy-Preux et passa la Scarpe en ordre, elle se dirigea par des chemins couverts sur le mont de St.-Éloy; après quelques heures de marche et s'étant rapprochée de ce point, un coup de canon se fit entendre, et peu après le bruit des tambours et le son des trompettes confirma le doute où l'on était d'être découverts; en conséquence, pour ne pas donner le tems à l'ennemi de se reconnaître, on résolut de hâter l'attaque, l'armée fit halte et se porta aussitôt vers les lignes.

Les Espagnols laissèrent franchir aux Français les premiers obstacles qui étaient au-delà du fossé: mais quand ils furent arrivés sur ses bords, ils firent sur eux une si furieuse décharge qu'elle était capable d'arrêter tous autres et c'est en ce moment qu'il périt le plus de monde; mais ces braves, sans s'étonner et suivant leurs officiers, s'élancèrent dans le fossé et le gravirent de suite de l'autre côté à l'aide d'échelles qu'ils avaient apportées. Le capitaine Fisicat, du régiment de Turenne, parut le premier sur le parapet; il y planta son drapeau aux cris de *vive Turenne !* Ses compagnons le suivirent et le secondèrent si bien, qu'en un instant les piquets furent arrachés et le fossé comblé; le marquis de Bellefond, avec ses enfans perdus, débarrassa une barricade de chariots renversés et facilita, par ce moyen, le passage de l'infanterie et de la cavalerie.

Le maréchal de Turenne qui commandait en personne à cette attaque, qui eut lieu entre les quartiers Fuensaldague et Fernando de Solis, donna ses ordres sur-le-champ afin de profiter de ce premier succès, et aussitôt ses troupes défirent et culbutèrent tout ce qui se présenta.

Vellequier-Dumont, capitaine des gardes-du-corps, pénétra à travers les retranchemens au point qui lui fut indiqué et arriva le premier dans la ville.

Le maréchal d'Hocquincourt avait, de son côté, emporté le quartier de don Fernando de Solis, et s'étant ensuite dirigé vers sa droite, s'empara des ponts sur la Scarpe, et alla attaquer les Lorrains : après une faible résistance, les ennemis prirent l'épouvante, et le prince de Lorraine lui-même, se voyant sans ressources, ne pensa plus qu'à se sauver.

Le maréchal de La Ferté ne put exécuter les ordres qu'on lui avait donnés d'attaquer le quartier du comte de Fuensaldague ; il n'obtint aucun succès dans cette partie, parcequ'au moment de donner sur les lignes il trouva, dans un ravin qui coupait la circonvallation, les troupes de l'Archiduc réunies à celles du comte de Fuensaldague ; elles couraient au secours des quartiers attaqués par Turenne et d'Hocquincourt; alors il appuya sur sa droite et pénétra dans les lignes par les ouvertures que Turenne y avait pratiquées, ce qui lui réussit parfaitement.

Comme on avait exécuté de fausses attaques sur presque tous les points et dans toutes les directions, les ennemis ne savaient quelle attitude tenir ; et quand le jour parut, ils furent très-étonnés de se voir entammés par le point qui leur semblait être à l'abri de toute atteinte et n'être pas celui qui devait être choisi pour les attaquer, puisqu'à l'exception du maréchal d'Hocquincourt, qui n'avait sous ses ordres qu'un faible corps, toute l'armée française occupait une position opposée.

Le prince de Condé, qui ignorait ce qui se passait aux quartiers des Lorrains et de don Fernando de Solis, et qui ne s'attendait pas que les lignes eussent été forcées de ce côté, s'y transporta dès qu'on l'eut instruit des désastres qui y avaient eu lieu. Il emmena tout ce qu'il avait de cavalerie et rallia tout ce qu'il rencontrait. Arrivé sur le champ de bataille, il fit cesser le carnage et allait repousser les Français, lorsque Turenne, qui l'observait, s'apperçut qu'il faisait ses efforts pour gagner une hauteur qui devait lui être très-avantageuse.

Le maréchal rallia ses troupes à l'instant et marcha droit au Prince. Condé le reçut fièrement et le combat recommença. On ne sait de quel côté eut penché la victoire, si Montdejeu, avec toute la cavalerie de la place, n'était tombé à l'improviste sur le flanc droit du Prince; alors toute résistance devint impossible, et quoique Condé s'en soit apperçu, il ne voulut néanmoins se retirer que le dernier. Il prit en bon ordre le chemin de Cambrai, emmenant avec lui prisonniers plusieurs officiers de marque.

Turenne, qui le vit tout couvert de poussière, l'admira et convint que s'il eut eu de l'infanterie pour le seconder, il eut pu rétablir le combat et balancer la victoire, parce que le pillage du camp, auquel s'étaient livrés les Français, les avait mis dans le plus grand désordre. Dans cette mêlée, le maréchal reçut un coup de feu dans le défaut de la cuirasse.

Dès le commencement de l'affaire, l'Archiduc, le comte de Fuensaldagne et un grand nombre d'officiers généraux ennemis, s'étaient enfuis par la route de Douai.

Les Espagnols perdirent, pendant ce siège, 12,000 hommes; on leur fit 3,000 prisonniers, au nombre desquels on cite 300 officiers ; ils y laissèrent 63 pièces de canon, 5,000 tentes, 2,000 chariots, 8,000 chevaux et une assez grande quantité de vivres et de munitions arrivés de la veille ; les soldats s'emparèrent de la vaisselle des généraux, (1) d'un butin immense, de 25 carosses, d'une grande quantité de chevaux de maîtres et de tous les bagages des officiers.

Les Français perdirent peu de monde dans cette journée ; il n'y eut de péril qu'à la rencontre de M.^r le Prince, où le combat ne dura qu'un moment.

Le 23 août, Leurs Majestés, avec Monsieur duc d'Anjou et toute la cour, ayant traversé l'armée qui les salua, firent leur entrée dans la ville d'Arras.

Le Roi se logea à l'abbaye de St.-Vaast. Les habitans étaient dans l'ivresse de la joie et le *Te Deum* fut solennellement chanté dans la Cathédrale. Sa Majesté fit de suite combler la circonvallation et les tranchées et réparer les bréches faites à la place. Il donna des éloges à Mondejeu sur sa brillante défense et lui promit le bâton de maréchal de France. (2) La Cour, après avoir séjourné trois jours à Arras, prit le chemin de Paris.

---

(1) Ce fut, dit-on, à ce siége que les officiers généraux firent usage, pour la première fois, de vaisselle d'argent.

(2) Qu'il n'obtint cependant qu'à la fin de 1657, par les sollicitations de son neveu Voignon.

Les bourgeois d'Arras ne cessaient de dénoncer *Mondejeu,*

Depuis ce siége mémorable, qui est le dernier que la ville eut à soutenir, elle n'a cessé de donner des marques de son dévouement à la France.

En mars 1712, ses faubourgs furent brûlés et saccagés par un corps tiré des garnisons de Lille, Tournay, Douai, Béthune, etc. Après avoir, pendant une nuit, jetté des bombes et des boulets

---

ce qui justifiait les mesures qu'il avait prises pour prévenir leur rebellion. Pendant que ce gouverneur s'occupait à réparer la place, à combler les tranchées, à raser les lignes, à réparer les désordres du siége et à rétablir ses contributions ordinaires au-delà de la Lys (qu'il percevait militairement), on demandait sa tête au Roi. Le comte de Broglio s'était joint aux mécontens et s'était chargé de présenter leur placet au Roi, qui assembla son conseil pour examiner l'affaire. Brienne, secrétaire d'état, était d'avis qu'on arrêtât Mondejeu; même qu'on lui tranchât la tête, si les accusations étaient avérées; heureusement Letellier représenta au conseil qu'il ne convenait pas de troubler la joie publique par la mort d'un gouverneur qui, en faisant triompher le Roi, venait de porter le dernier coup à la fronde.

Par le moyen de ses contributions levées en pays ennemis, le gouverneur, au bout de dix mois, rétablit les fortifications d'Arras. Il eut le secret d'entretenir six mille hommes de garnison et de faire la dépense d'un souverain. Il avait 100 Suisses, tous portant sa livrée, 100 chevaux de selle et 50 de carosse, table ouverte et servie à toute heure; il avait de plus une compagnie de 120 cadets, tous gentilshommes à qui il donnait des maîtres, 100 pensionnaires en différens endroits, la plupart gens de lettres. Il y en avait à qui il donnait jusqu'à 4,000 liv. de pension; les moindres étaient de 400 écus

Don de VIENNE, page 212, 5.e partie.

rouges sur la ville et sur la citadelle où ils brûlèrent 150,000 rations de fourrages, ces troupes se retirèrent sans obtenir un plus grand fruit de leur démarche. Les habitans, joints à la garnison, étaient décidés à faire une sortie le matin pour enlever les batteries de l'ennemi ; mais, dès la pointe du jour, il avait battu en retraite.

Pour perpétuer le souvenir de la délivrance d'Arras, on y a de nos jours, aux cérémonies religieuses établies dès long-tems, ajouté des fêtes et des réjouissances publiques, preuve du prix qu'attachaient les habitans de l'Artois à porter le beau Nom de Français, qui désigne dans le langage moderne le Peuple le plus civilisé de l'univers.

La journée du 25 août 1654 a ajouté un fleuron de plus à la glorieuse couronne de Turenne, et dans cette lutte bien longue de 53 jours, si leur illustre gouverneur et la garnison ont montré beaucoup de vaillance et de courage, les habitans n'ont pas moins donné de grandes preuves de leur patience et de leur résignation. On ne saurait trouver, en aucun pays, de meilleurs Français qu'à Arras, et nulle part il n'existe une plus grande unanimité de sentimens pour le Roi et la Patrie.

FIN.

www.ingramcontent.com/pod-product-compliance
Lightning Source LLC
Chambersburg PA
CBHW061010050426
42453CB00009B/1355